HINDOEGODEN EN -GODINNEN

EEN INLEIDING TOT HINDOEGODEN

Hindoegoden en -godinnen zijn een integraal onderdeel van de hindoeïstische mythologie en spiritualiteit. Men gelooft dat deze goddelijke wezens verschillende krachten bezitten en verschillende aspecten van de oppermacht, Brahman, vertegenwoordigen.

Van Heer Shiva, de vernietiger en transformator, tot Godin Lakshmi, de belichaming van rijkdom en voorspoed, elke godheid heeft een unieke rol en symboliek in de Hindoeïstische cultuur.

Deze boekbeschrijvingen gaan dieper in op de rijke verhalen, symboliek en gebruiken die geassocieerd worden met Hindoegoden en -godinnen, waardoor lezers een dieper begrip krijgen van deze heilige figuren en hun betekenis in het religieuze en dagelijkse leven.

Agni

Agni is in de hindoeïstische mythologie de god van het vuur en een van de belangrijkste godheden. Hij wordt afgebeeld met een vurige verschijning, vaak vergezeld van twee hoofden en meerdere armen.

Agni wordt verondersteld de kracht te hebben om te transformeren en te zuiveren en staat centraal bij rituelen en offerandes. Hij wordt ook gezien als bemiddelaar tussen de mensen en de goden, die gebeden en offers naar de hemel brengt. Agni's vernietigende capaciteiten worden ook erkend, omdat vuur grote schade kan aanrichten.

Over het algemeen wordt Agni vereerd als een symbool van energie, vitaliteit en transformatie.

Brahma

Brahma is een prominente godheid in het hindoeïsme, die vaak de schepper van het universum wordt genoemd. Hij is een van de Trimurti, samen met Vishnu en Shiva, die respectievelijk de aspecten van schepping, behoud en vernietiging vertegenwoordigen.

Brahma wordt afgebeeld met vier hoofden, die zijn enorme kennis en wijsheid symboliseren, en vier armen, die de vier Veda's voorstellen.

Ondanks zijn status als belangrijke godheid wordt Brahma in het moderne hindoeïsme minder vaak aanbeden dan Vishnu en Shiva.

Durga

Durga is een krachtige godin die bekend staat om haar kracht, moed en woeste natuur. Ze wordt afgebeeld als een krijgersgodin, vaak rijdend op een leeuw en met wapens in haar meerdere armen.

Durga zou door de goden zijn geschapen om de buffeldemon Mahishasura te verslaan, als symbool van de overwinning van het goede op het kwade. Ze belichaamt vrouwelijke energie en wordt vereerd als de goddelijke moeder die haar toegewijden bescherming en leiding biedt.

Durga wordt gevierd tijdens het Navaratri festival, waar haar verschillende vormen en attributen worden geëerd. Ze vertegenwoordigt de onwrikbare vastberadenheid om uitdagingen aan te gaan en obstakels te overwinnen, wat staat voor kracht en transformatie.

Ganesha

Ganesha is een alom aanbeden godheid die bekend staat als de verwijderaar van obstakels en de god van het begin. Hij wordt afgebeeld als een figuur met het hoofd van een olifant en een rond, dik lichaam.

Ganesha wordt vaak afgebeeld met meerdere armen, die verschillende symbolische voorwerpen vasthouden, zoals een lotusbloem, een bijl of een modak (een zoete lekkernij). Hij wordt ook afgebeeld op een muis, zijn goddelijke voertuig.

Ganesha wordt vereerd om zijn wijsheid, intellect en vermogen om uitdagingen te overwinnen. Hij wordt aanbeden voordat men aan een nieuwe onderneming begint of succes zoekt in verschillende aspecten van het leven.

Ganesha staat hoog aangeschreven in het hindoeïsme en wordt gevierd tijdens het festival van Ganesh Chaturthi, waar zijn afgodsbeelden uitgebreid worden versierd en aanbeden door toegewijden.

Hanuman

Hanuman, een centrale figuur in de hindoeïstische mythologie, is een krachtige en toegewijde aapgod die bekend staat om zijn kracht, moed en loyaliteit. Hij wordt beschouwd als een symbool van onbaatzuchtige dienstbaarheid, toewijding en standvastige toewijding aan Heer Rama.

Hanuman is niet alleen een symbool van fysieke kracht, maar vertegenwoordigt in het Hindoeïstische geloof ook wijsheid, nederigheid en gerechtigheid. Toegewijden bidden vaak tot Hanuman voor bescherming en moed.

Hanuman is een geliefde godheid die bekend staat om zijn onwrikbare toewijding en ongeëvenaarde kracht. Hij wordt afgebeeld met het gezicht van een aap en een gespierd lichaam, vaak in een roodachtige tint. Hij speelde een cruciale rol in het epos Ramayana, waar hij Lord Rama hielp in zijn zoektocht om zijn vrouw Sita te redden van de demonenkoning Ravana.

Hanuman bezit buitengewone krachten en wordt beschouwd als de beschermgodheid van worstelaars, atleten en mensen die kracht en bescherming zoeken tegen obstakels.

Krishna

Krishna is een belangrijke godheid die wordt vereerd om zijn goddelijke schoonheid, charme en zijn rol als achtste avatar van Heer Vishnu. Hij wordt afgebeeld als een blauwharige figuur met een lachend gezicht en getooid met pauwenveren in zijn haar.

Krishna wordt meestal afgebeeld terwijl hij een fluit speelt. Dit symboliseert zijn liefde voor muziek en zijn vermogen om anderen te betoveren. Hij staat bekend om zijn ondeugende capriolen uit zijn kindertijd en zijn lessen in het epos Mahabharata, waarin hij zijn discipel Arjuna diepgaande wijsheid en inzichten bijbrengt in de vorm van de Bhagavad Gita.

Krishna wordt vereerd als het Opperwezen, de brenger van liefde, vreugde en geluk, en wordt alom aanbeden vanwege zijn goddelijke speelsheid, mededogen en begeleiding bij het leiden van een rechtschapen leven. Zijn toegewijden vieren festivals als Janmashtami en Holi met groot enthousiasme en toewijding.

Kurma

Kurma wordt in de hindoeïstische mythologie vereerd als de tweede avatar van Heer Vishnu, de Bewaarder in de hindoeïstische drie-eenheid. De naam "Kurma" betekent "schildpad" in het Sanskriet en symboliseert de vorm die Vishnu aannam tijdens een kosmische gebeurtenis die bekend staat als het karnen van de oceaan.

Zijn onwrikbare kracht en stabiliteit zijn een voorbeeld van de goddelijke steun die nodig is om het kosmische proces soepel te laten verlopen. Kurma's aanwezigheid symboliseert ook geduld, veerkracht en de bereidheid om het grotere goed te dienen.

Kurma wordt vaak afgebeeld als een schildpad met het bovenlichaam van Heer Vishnu uit zijn schild. Deze vorm vertegenwoordigt de naadloze integratie van het goddelijke in de natuurlijke wereld en benadrukt de onderlinge verbondenheid van alle levende wezens.

In de legende van Kurma vinden Hindoes spirituele lessen in doorzettingsvermogen, opoffering en het belang van het handhaven van het kosmisch evenwicht. Toegewijden roepen Kurma's zegeningen aan voor stabiliteit, geduld en het vermogen om uitdagingen met gratie en standvastigheid te doorstaan.

Lakshmi

Lakshmi, de hindoegodin van rijkdom, voorspoed en fortuin, is een van de meest vereerde en aanbeden godheden in de Indiase mythologie. Lakshmi wordt beschouwd als de gemalin van Heer Vishnu en wordt afgebeeld als een mooie en veelbelovende godin met vier armen, die vaak lotusbloemen en andere symbolen van overvloed vasthoudt.

Ze wordt geassocieerd met materiële en spirituele rijkdom, vruchtbaarheid en geluk. Toegewijden zoeken haar zegen om financiële voorspoed, succes en algeheel welzijn in hun leven te bereiken.

Lakshmi wordt gevierd tijdens het festival van Diwali, waar men gelooft dat haar aanwezigheid vreugde en voorspoed brengt in huizen en bedrijven. Als godheid die overvloed vertegenwoordigt, belichaamt Lakshmi de idealen van welvaart, vrijgevigheid en spirituele groei.

Kali

Kali is een angstaanjagende en machtige godin in de hindoeïstische mythologie. Ze wordt vaak afgebeeld als een donker figuur met wild haar, een uitgestoken tong en een krans van mensenhoofden.

Kali is de belichaming van vrijheid, vernietiging en tijd. Ze is de vernietiger van kwade krachten en wordt vaak geassocieerd met dood en transformatie. Ondanks haar angstaanjagende verschijning vertegenwoordigt Kali ook moederliefde en bescherming, vooral naar haar toegewijden toe. Ze wordt aanbeden omdat ze bevrijding, wijsheid en spiritueel ontwaken kan schenken.

Kali wordt vaak aangeroepen in tijden van crisis of wanneer men obstakels wil overwinnen, omdat men gelooft dat haar energie woest en transformerend is. Ze is een complexe en veelzijdige godheid, die zowel de destructieve als de voedende aspecten van het goddelijke vrouwelijke belichaamt.

Narasimha

Narasimha is een prominente godheid in de hindoeïstische mythologie die een combinatie is van zowel menselijke als dierlijke vormen. In zijn vorm heeft hij het hoofd van een leeuw en het lichaam van een mens.

Narasimha wordt beschouwd als de vierde incarnatie van Heer Vishnu en hij symboliseert goddelijke bescherming en rechtvaardigheid. Hij wordt vaak aanbeden om zijn moed en zijn vermogen om kwade krachten te vernietigen. Narasimha staat bekend om zijn wreedheid, want hij versloeg de demonenkoning Hiranyakashipu, die chaos veroorzaakte en de wereld kwelde.

Toegewijden zoeken zijn zegeningen om obstakels en angst te overwinnen en om goddelijke bescherming en bevrijding te ervaren. Narasimha wordt vereerd tijdens het festival Narasimha Jayanti, waar zijn toegewijden gebeden opzeggen en rituelen uitvoeren om zijn goddelijke aanwezigheid te eren.

Nataraja

Nataraja is een belangrijke godheid in de hindoeïstische mythologie en vertegenwoordigt Heer Shiva in zijn kosmische dansvorm. Nataraja's naam betekent "Koning van de dans" en hij wordt afgebeeld met meerdere armen en benen, omringd door een ring van vuur. Balancerend op één been voert hij de Tandava uit, een krachtige en dynamische dans die de voortdurende cyclus van schepping, behoud en vernietiging in het universum symboliseert.

Men gelooft dat Nataraja's dans de kosmische orde en het ritme van het leven in stand houdt. Zijn rechterbovenhand houdt een trommel vast, die het geluid van de schepping symboliseert, terwijl de linkerbovenhand een vlam vasthoudt, die de vernietiging voorstelt.

Nataraja wordt ook afgebeeld met een opgeheven voet, waarmee hij onwetendheid en illusie triomfantelijk verplettert. Zijn afbeelding dient als een krachtige herinnering aan de harmonieuze wisselwerking tussen vernietiging en schepping, evenals de eeuwige aard van het bestaan.

Toegewijden vereren Nataraja vaak om inspiratie, spirituele verlichting en transformatie te zoeken via de symboliek van zijn goddelijke dans.

Rama

Rama is een vereerde godheid, erkend als de zevende avatar van Heer Vishnu. Hij wordt afgeschilderd als een ideale koning, toegewijde echtgenoot en plichtsgetrouwe zoon.

Rama staat bekend om zijn onwrikbare morele waarden, rechtschapenheid en zijn toewijding aan het handhaven van dharma (gerechtigheid). Hij wordt vaak afgebeeld met pijl en boog, als symbool voor zijn vaardigheid als krijger.

Rama's epische reis, zoals afgebeeld in het Hindoeïstische geschrift Ramayana, is een verhaal van triomf over tegenspoed en de uiteindelijke overwinning van het goede op het kwade. Zijn ballingschap, de redding van zijn vrouw Sita van de demonenkoning Ravana en zijn uiteindelijke terugkeer naar Ayodhya als de rechtmatige heerser zijn allemaal belangrijke hoofdstukken uit zijn leven.

Rama blijft een belichaming van moed, eer en deugd, en toegewijden vereren hem als een incarnatie van goddelijk bewustzijn en een bron van inspiratie voor het leiden van een rechtvaardig leven.

Saraswati

Saraswati is een vereerde godin in de hindoeïstische mythologie, bekend als de belichaming van kennis, wijsheid, creativiteit en kunst. Ze wordt vaak afgebeeld als een mooie en serene godheid, gekleed in het wit, wat zuiverheid en verlichting symboliseert.

Saraswati wordt afgebeeld terwijl ze de veena bespeelt, een snaarinstrument dat de harmonieuze vermenging van kunst en intellect symboliseert. Ze houdt ook een boek vast dat de Veda's voorstelt, de oude geschriften van kennis.

Saraswati wordt aanbeden door studenten, geleerden en kunstenaars die haar zegeningen zoeken voor wijsheid en inspiratie. Als godin van het leren wordt ze verondersteld diegenen te begeleiden en te verlichten die zich wijden aan het nastreven van kennis, onderwijs en kunst.

Saraswati's aanwezigheid wordt gezien als een integrale kracht op het gebied van creativiteit en intellectuele groei, en haar zegeningen worden gevraagd tijdens belangrijke academische en culturele evenementen.

Shakti

Shakti is een krachtige en goddelijke kracht die vaak wordt gepersonifieerd als de energie of het vrouwelijke aspect van het Opperwezen, Brahman. Shakti, ook bekend als Devi of de Grote Godin, is de creatieve en voedende essentie die het universum doordringt. Ze wordt afgebeeld in verschillende vormen en manifestaties, zoals Durga, Kali, Lakshmi en Saraswati, die elk verschillende aspecten van haar kracht vertegenwoordigen.

Shakti is zowel zachtaardig als fel en belichaamt de kwaliteiten van mededogen, kracht en bescherming. Ze wordt aanbeden door toegewijden die op zoek zijn naar bekrachtiging, transformatie en bevrijding.

Shakti wordt vereerd als de bron van alle energie, de drijvende kracht achter de schepping en de katalysator voor spiritueel ontwaken. Haar aanwezigheid en zegeningen worden aangeroepen in rituelen, ceremonies en gebeden die erop gericht zijn haar transformatieve kracht aan te wenden en zich af te stemmen op de universele energie.

Shiva

Shiva is een van de machtigste en belangrijkste godheden in de hindoeïstische mythologie. Shiva wordt vaak de Vernietiger of de Transformator genoemd en maakt samen met Brahma en Vishnu deel uit van de heilige drie-eenheid van hindoegoden. Hij wordt vereerd als het Opperwezen en vertegenwoordigt zowel de mannelijke als de vrouwelijke kwaliteiten van schepping en vernietiging.

Shiva wordt afgebeeld als een yogi, meestal in diepe meditatie of in zijn woeste vorm die bekend staat als Nataraja, de Heer van de Dans. Hij is getooid met een halve maan op zijn hoofd, die de cyclus van de tijd symboliseert, en draagt een slang om zijn nek, die zijn controle over ego en verlangen voorstelt.

Shiva wordt geassocieerd met de berg Kailash, waar hij zou verblijven met zijn gemalin, de godin Parvati. Toegewijden van Shiva zoeken zijn zegeningen voor spiritueel ontwaken, bevrijding en bescherming. Hij staat bekend om zijn diepgaande wijsheid, onthechting van wereldse gehechtheden en zijn rol als gids voor zoekers op het pad naar spirituele verlichting.

www.ingramcontent.com/pod-product-compliance
Lightning Source LLC
Chambersburg PA
CBHW042309230426
43662CB00033B/59